Valentin Abougambi

Les derniers chants de Astadjam

Valentin Abougambi

Les derniers chants de Astadjam

Éditions Muse

Imprint
Any brand names and product names mentioned in this book are subject to trademark, brand or patent protection and are trademarks or registered trademarks of their respective holders. The use of brand names, product names, common names, trade names, product descriptions etc. even without a particular marking in this work is in no way to be construed to mean that such names may be regarded as unrestricted in respect of trademark and brand protection legislation and could thus be used by anyone.

Cover image: www.ingimage.com

Publisher:
Éditions Muse
is a trademark of
Dodo Books Indian Ocean Ltd. and OmniScriptum S.R.L publishing group

120 High Road, East Finchley, London, N2 9ED, United Kingdom
Str. Armeneasca 28/1, office 1, Chisinau MD-2012, Republic of Moldova, Europe
Printed at: see last page
ISBN: 978-620-4-96570-3

Paradis Blessé

Oh, la belle époque!
Oh la belle étoile!
Oh que j'aime boire tes couleurs!
Des heures si froides,
Des gelées à poil
À égrener tes chants suaves d'ailleurs...
Je suis traversé de larmes de joie.
Beau est le sein de tes petites lois.

Oh la belle époque!
La belle étoile!
J'ai tourné, retourné mes vieux souvenirs
Un bonheur tout chaud se dévoile
Juste devant moi sans m'avertir
Ne rien attendre
La devise est gâtée.
J'ai trop subi pour ne pas voir le passé.

Oh la belle époque,
La belle étoile!
Et j'ai goûté au fameux fruit défendu

Poète, c'est un ordre!
Sois-le
On a fait l'acte
On s'est mis en feu
Une vie en toute bolide
A qui la faute?
J'étais plus âne que guêpe avant la capote

Et quand chantonne le crépuscule
Sous mes paupières blessées coule un soupir
Oh tendre enfance où rivière était beauté
Cette nuit me paraît sombre où je pleure ma dulcinée

Nous étions à la rue de l'extase
Nous étions sans pleurs sans larmes
Nous étions tourterelles à l'aube
Nous étions scribes à graver le silex
Et nous courions sous des pluies joviales
Comme des feuilles
Si fines et fragiles
Si belles et magiques

Nous étions ceux de l'île au bleu d'azur
Nous étions mangrove
Où nous aimions des chevaliers sans masques
Et vers toi seule mon âme eut plaisir d'approcher
Depuis la couleur mauve du crépuscule
Depuis la verdure des choses fertiles
Mais voici que me tombe cette clarté obscure
Aux chants des ramiers sans bornes
Je m'enlise dans les hautes profondeurs de chagrins

Oh la belle époque!
Oh la belle étoile!
Oh la belle époque que j'aime voir tes couleurs
Tes heures si froides des premières gelées
Oh la belle étoile que j'aime compter des chants
Traverser par les larmes de joie
Marcher sur les bruyères jolies
Si roses par leurs fleurs

Oh la belle époque, la belle étoile
Je l'ai enfin entendu ce fameux chant
Me chatouiller mon corps
Avec des mots si doux

Comme un parfum
Sans bévue

Oh la belle époque!
Oh la belle étoile!
Comme un Ciel serein
Nous étions unis sous l'émotion sombre
Nous étions nu sans poils
À écraser le poids d'une vie à contraintes
Nous étions enlisé jusqu'à la tête de fêlures diverses
Nous étions unis sous l'emprise
Des gens aux divers destins

Nous étions accroché aux nuages
Nous étions nu sans désir
Ni orage ni tempête
Nous étions unis sous une île
Où les arpèges des mots enfouis
Nous étions hirondelles à l'aube
Et nous courions scribes à graver les derniers vers
Comme un Lys
Si bleu,si joli

Sous le ciel bleu
Jaillit l'étincelle de mon amour

Oh, la belle époque!
Oh la belle étoile!
Résonne des chants gravés
Aux débris de coquillages
Et quand chatouille la joie
Sous mes yeux gris coule des larmes
Oh rendre murmure des saisons
D'une terre piétinée qui s'ocre noire
Où je lis mes vers qui abaisse ma soif jusqu'à l'ivresse de l'audace

Nous étions à la rue de l'extase
Nous étions sans poils sans joie nous étions unis sous
La mer coléeuse rouspète

À la belle époque
sous les belles étoiles
Je n'étais qu'un enfant nu et joyeux
J'ai traversé la honte du monde

J'ai joué aux jeux jusqu'à l'ivresse
Et j'étais au dos de mon enfance
J'ai marché sur les sillons de la nuit

À la belle époque j'ai gardé des souvenirs
Vers la rivière de liberté
Sous les belles étoiles, c'était le véritable l'amour
Ah la belle époque
Sous les belles étoiles
J'aspire à l'ombre
Où repose mon marchepied
Dans la nuit
Nocturne et lénifiante
Résonne sur les terrains
De mon poème

Ah la belle époque
Sous les belles étoiles
Nous étions nu sans poils
À dessiner nos envies
Dans ce bagne terrestre
Où ne s'ouvre aucun amour
À la lune

Nous étions entraine
De construire nos chagrins
Comme des balades saignants

Ah la belle époque
Sous les belles étoiles
Nous étions sans âme
À chanter des louanges
Et des cantiques
Pour consoler les cœurs brisés
Et les âmes perdus

À la belle époque
À la belle étoile
Sous un soleil radieux
J'ai joué sur la pierre
Sous les belles étoiles
Comme le ciel à la lune

Nous avons connu
Le froid et la chaleur
Et les plus brûlant des soleils
Nous a heurté le front

Et bronzé la peau

Ah la belle époque
Sous les belles étoiles
Enfoncé dans mes songes
Au bord d'une lagune
Sous nos chagrins sombres
Qui arrosent ce brin
De nostalgie

Ah la belle époque
Sous les belles étoiles
Nous étions unis
Sous le vent qui souffle
Nous étions clairsemés
Nous étions à la belle lurette
Sans obscure clarté
Nous étions Unis
Sous nos destins
Nous étions sous la rive du ciel

Oh la belle époque!
Oh la belle étoile!

Comme un pain d'épice
Mon âme s'amollit
Sous le crépuscule
Rougeole et tremble
Mon corps
À l'ardent horizon

Oh la belle époque!
Oh la belle étoile!
Sous mes yeux nostalgiques
Près d'un ruisseau limpide
J'aperçois mon reflet mélancolique
Sous la rosée matinale
Dilatant les pores de mon visage
Et ce brin des chagrins
Qui me serre le cœur
Mes yeux enflammés

Nostalgie d'astadjam

À la belle époque
À la belle étoile
Nous étions nu sans poils
 par cette mousse de nuages
Comme une pluie battante
Froide
Sous nos heures
Qui pleuraient

À la belle époque
 Plus inouïe de notre époque
Nous étions uni sous une vague séchée
Comme une feuille ignorée
 vers la source sèche

À la belle époque
À la belle étoile
Nous étions animé par des balades ensoleillées
Comme les météores
Qui strident le ciel bleu
À un rythme flambant

À la belle époque
À la belle étoile
Comme une mer qui vogue en pleine voyage
C'est si beau Noël sous la neige
Comme la neige a entendu son menteau blanc

À la belle époque
À la belle étoile
Nous étions nu sans envie
Au voyage lumineux
Sur les crépuscules des riverains

À la belle époque nous étions nu sans poils
Nous étions une jeunesse
Insatiable
Impatiente
De voir le temps d'énergie des vagues

À la belle époque
À la belle étoile
J'ai de la nostalgie
Je regarde le passé avec bienfaisance
Dirigeant vers moi

Depuis l'âge d'or de mes ancêtres

À la belle époque
À la belle étoile
C'est le temps de la montée
Aux ancêtres
Et des évasions satulaires

À la belle époque
À la belle étoile
Mon cerveau
Et mon cœur sont complexés
Comme un amour perplexité
Nous étions nu sans poils
À dessiner nos envies
C'est le temps de l'insouciance

Nos rides profondes signifiait
Qu'on avait bien ri
Nos cheveux gris
Qu'on avait besoin d'aimer
Nos cicatrices
Qu'on avait survécu

À la belle époque
À la belle étoile
C'est le temps de copains
C'est l'heure du café
Avec la bouilloire électrique
Sur le fourneau où souvent
Mijotaient de bons petits plats
Dans les années précédentes

À la belle époque
À la belle étoile
Nous étions Uni sous nos journaux
On le lisait
On s'informait autrement
On y mettait les épluchures de légumes
On le mettait pour y savourer

À la belle époque
À la belle étoile
nous étions nu sans poils
Accroché à nos journées secrètes
Souvent froid au pied en saison pluvieuse
De mes pensées les plus breves

À la belle époque
À la belle étoile
Nous étions nu sans poils
Vers nos envies de voyage
Balade ombragée
Le long de la célèbre rigole
Quand il fait chaud
Quand il fait du beau temps
Quand il fait froid

Nous étions nu sans poils
Entraine de couper des orties
sur des talus
Nous étions sans amour envers les maux
Les frissons garantis
Les mots d'amour
Mes pensées
Sont emplies des gazouillis d'oiseaux

À la belle époque
nous étions nu sans poils
C'est le temps de plaisir
avec les confitures

On gardait
Les queues de cerises noires
Pour en faire nos tisanes
Comme le chagrin d'antan
Et le doux parfum des moments partagés

À la belle époque
À la belle étoile
Au pays des paysans
Nous étions sans soucis
Les choses arrivent
par dessus de nos envies
À la belle nuage de mots
Aux arbres de nénuphar
Où saute nos morts

Cocon familial

À la belle étoile
À la belle époque
Un regard étonnant
Voix douce
Démarche lancinante
mouvement animé
À la belle époque
nous étions nu sans poils
Nous étions nu à compter les étoiles
Et les Contes Africains

À la belle époque
À la belle étoile
Comme des corbeaux
De la terre vers le ciel
Nous étions sous un univers
Obscurci des nuages

À la belle souciance
Vers l'insouciance
À la belle étoile

Nous étions de cette saison
Flamboie qui arrivait au temps lointain

À la belle époque
À la belle étoile d'or
Vers la source lumineuse
Nous étions la lumière
Qui éclabousse le ciel bleu
Au beau temps
Au cours des années
Aux voies de nos voix

À la belle époque
nous étions nu plein de rêves
nous étions nu sans joie
D'un corps
Peau de visage
Qui caresse nos lèvres
À la tombée de la nuit,
nous étions uni sous la paillote
Sans artifices après descente
Saut en luge pendant la saison sèche
Sur les tremplins

nous étions nu sans engouement
D'en parler agone de nos chagrins
Nos yeux pâles étaient pleins de rêves
Nous étions habillé d'un simple fait
Comme un projet d'envergure

À la belle époque
nous étions nu dans la cage de pierre
Nous étions des noyaux pilastres
Nous étions nu aux becs
De ce perles noires

Nous étions nu à faire
Des amoureux perdus
Nous étions nu à faire
De cette gargantuesque de joie
Nous étions nu l'œil blessé

À la belle époque
À la belle époque
nous étions sous la garde
À la belle vie où nous étions affamés
Mouillés, fatigués et frigorifiés

Nous étions nu, complet d'un ton

À l'époque de l'amitié sincère
Nous étions nu à consommer les bonheurs
Du passé
De ce présent
Cet acharnement
Pour détruire la nostalgie
S'est transformée en un souvenir

À la belle époque
À la belle étoile
Nous étions animé des antrates
Des actualités et publicités
À la vie souriante et agréable
Dans ce souvenir
Je reçois un jeune homme
Qui jouait à un nassara

À la belle époque
À la belle étoile
À l'antrate
Nous étions des esquimaux

Comme un chocolat glacé
Abaissant mes faims
Où nous étions nu sans caleçon

À la belle époque
À la belle étoile nous étions nu sans poils
À dessiner nos envies chaleureuses
Nous étions uni sous nos lits superposés
Et mouflus de gazon

À la belle époque
À la belle époque
Nos sourires prenaient des rives
Nos souvenirs prenaient les poussières d'étoiles
Notre temps n'est jamais vide d'esprit
Le temps
C'était mon premier conseiller

À la belle époque
À la belle étoile
Une époque où nous étions nu par Clarté
Nous étions uni sous nos pieds
Et le riche s'est mis

Dans mes états d'âme

À la belle époque
À la belle étoile
Nous étions nu aux yeux bleuâtres
Et aux cheveux châtains clairs
Nos poils cachaient nos iniquités
Où naviguent nos envies
Nos pensées convergent vers nos rêves
Comme navigue l'astre dans l'espace

À la belle époque
À la belle étoile
Où nous étions enivré de la contemplation
Du ciel bleu de la création d'un Dieu
De la lune brillante sous le soleil
Des étoiles colorées sans nombre

À la belle époque
À la belle étoile
Où nous étions nu sans poils
À dessiner nos chagrins d'amour
Où nous étions nu sans poils

Au gré des saisons et des martyrs

À la belle époque
À la belle étoile
Où nous étions nu et uni avec les oiseaux
Où nous étions réuni à chanter
Comme les serins
Et les chardonnerets
Les verdiers et les pinsons
À la belle époque, à la belle étoile
Où nous étions nu sans poils
Où les hirondelles volaient à ras de terre
Où les arbres se couvraient de bourgeons

À la belle époque, à la belle étoile
Nous étions sans force
À la lumière des êtres humains
Nous étions uni sous une ville magnifique
Magique et merveilleuse qu'hier
Nos pensées étaient unique
Nos temps passés à la crèche
Notre amitié pleine de bonheur
Vers la source ancestrale

À la belle époque
À la belle étoile
Nous étions nu sans poils de cet atmosphère
Où nous étions à la statue de roi de la rivière
Perché Au milieu des édifices religieux
Uni sous l'huile de nos toiles cirées
Où nous étions enveloppés de mystère
Où nous étions à la période de la paix

À la belle époque
À la belle étoile
Où nous étions des enfants
De la lune brillante
Depuis la source ancestrale
De mon enfance
Où nous étions
sur les feuilles fraîches de merisier
Où nous étions
sur les racines dorsales de l'érable
Ombre lumière
nous étions inscrit
sur le jardin de lucioles
Lettre par lettre

nous étions ôter de la souffrance quotidienne
Mot par mot
nous étions élu à la belle époque

Sur l'auto rouge de feu doux
Comme un sourire chaleureux et convivial
D'un regard étonnant
Noir et blanc sur fond
Nous étions de cette époque
Où nous étions le peuple
Rêvant un peu plus fort
Dans les rues Africaines

À la belle époque
À la belle étoile
Nous étions uni sous l'ambiance
D'une fête holorifique
Et j'ai trouvé ma bien aimée
Ma dulcinée falaissou
Fait moi une place
dans ton cœur
Au fond de ton âme poétique
Pour que je t'embrasse fort

Si je me sens bien
Si tu es avec moi

À la belle époque
À la belle étoile
Oh mon époque!
Oh funaise!
Des années tellement magique
Où la cité s'endormait
C'était une époque de bonheur
De partage
Et de l'humilité
Toutes les soirées aux foins
Comme les jupes bohèmes qui léchent le sol

À la belle époque
À la belle étoile
Nous étions nus d'étoiles
Scintillant tout les jours
Qui vogue vers des rivages
Bien à l'aise et à l'abri de jardin

À la belle époque
À la belle étoile
Où nous étions sous
Le silence de l'horizon
Comme les fortunés de l'horizon
Où nous étions nu sous
les étoiles colorées

Qui éclairent la nuit tombée
Comme une feuille ignorée vers la mer
Qui plane sur nous
Comme une journée ensoleillée
De bonheur et de prospérité
Envoûtés par le parfum de la fleur des âges
Où nous étions nu sans poils
À dessiner nos envies
Comme l'arraigné et sa toile

À la belle époque
À la belle étoile
Nous étions mités dans la feuille
De la beauté naturelle de la vie
Où nous étions dessiné aux couleurs

De l'arc en ciel
Bleu comme le ciel doré

À la belle époque
À la belle étoile
Nous étions nu sans poils
À dessiner nos jolies paysages
Par une magie de travail
À la belle époque
À la belle étoile
Nous étions né de la compassion
Mis au ban
À l'écart de ce poème
Je me souviens des séquelles aux plantes
Où nous étions uni pour parfaire nos trêves

À la belle époque
À la belle étoile
Nous étions nu comme une Tempête
À convaincre nos cœurs brisés
Nous étions à la belle crèche
De l'insouciance à la nostalgie

À la belle époque
À la belle étoile
Nous étions achevé d'une fleur de l'ivresse
Où nous étions des rayons de soleil
À travers nos persiennes
Nous étions des fresques murales
Manquantes aux yeux du mûr

À la belle époque
À la belle étoile
Nous étions nu
Épouvant les rayons du soleil
Nous étions comme des petits poissons braisés
Qui gigotent jour et nuit
Où nous étions calme
À savourer des bons plats
Comme nous étions aux silences
De ce ciel épuré
Rôde aux nuages

À la belle époque
À la belle étoile
Nous étions mou à la molette

Où nous étions lu
À dessiner nos envies
Comme une feuille ignorée vers
la source lumineuse
Comme chavire la rengaine

À la belle époque
À a belle étoile
Où nous étions à l'oeil d'une muraille
Où nous étions plongé dans nos regards
Où nous étions d'un cupidon
Où les abeilles se reposent
Autour du miel
Comme des oiseaux
Qui humeurent en chantant

À la belle époque
À la belle étoile
Nous étions sous la chair d'opaline
Comme l'onde en reflèt de la lueur d'espoir
Comme un regard qui n'ose pas imaginer
Nous étions comme des clopard éperdus
Qui sentent la morue salée

À la belle époque
À la belle étoile
Nous étions unis sous le ciel de notre amour
Qui avait dressé sa toile
Où s'accrochaient les étoiles
Je confondais la demi lune à ton sourire
Qui toujours écartent
L'ombre dans mes yeux cernés
mouvementé

Ah la belle époque!
Ah la belle étoile!
Comme des êtres parfaits
Nous étions affalés dans le sable mouvant
Qui trenait les méandres
De la mer sucrée

Ah la belle époque!
Ah la belle étoile!
Nuage comme un frisson
Nous étions nu sans poils
Sous le bachar l'ananas criard
Et le vent qui battait

Qui tapait
Qui criait
Et qui tournait

Ah la belle époque!
Ah la belle étoile!
Comme des êtres parfaits
Nous étions d'un gai avalent
Pinson et tendre
Nous étions unis
Sous l'arbre des lucioles

Ah la belle époque!
Ah la belle étoile!
Comme des êtres parfaits
Invincible en amour
Nous étions unis sous
Une rivière née d'une source à regret

Ah la belle époque!
Ah la belle étoile!
Sous la rivière des souvenirs
Nous étions unis

Sous les vagues des nantis
Où on rigolait
Écoutait et dansait
Aux danses folkloriques

Ah la belle époque!
Ah la belle étoile!
Comme des êtres parfaits
Nous étions nu sans poils
Sous un ciel étoilé
Si plein
Si majestueux
Si formidable
Si magnifique
Qui remuaient nos chagrins d'amour
Quelle est la planaire du vent
Et la douce mélodie

Ah la belle époque!
Ah la belle étoile!
Où nous étions granit
Et la nuit tombée sur nous
Qui comptait des chansons

Qui coule, droit sans détour
Dans nos mangroves

Ah la belle époque!
Ah la belle étoile!
Comme des eaux souveraines
Nous étions unis sous une pluie eussent
Aux rythmes effrénés
Qui chatouillait
Nos oreilles de lapin
Ah la belle époque!
Ah la belle étoile!
Telle est une époque de bonheur
À la tombée de la nuit
Nous étions unis sous un fleuve torrentiel
Où nous écoutions le coassement des crapauds

Ah la belle époque!
Ah la belle étoile!
Comme des êtres parfaits
Nous étions emportés
Par les flots bleus
Des corps opalins et doux

Tel est un beau poème

Ah la belle époque!
Ah la belle étoile!
Nous étions unis
Sous nos envies
Comme un enfant de Bohême
Qui coule des joies
Et tend vers les meilleurs lendemains

Ah la belle époque!
Ah la belle étoile!
Où nous étions nu sans poils
À contempler la nature
Sous la nudité étoilée
Qui éclaire nos émotions
Nos cœurs brisés
Tendent vers des moments privilégiés
Pleine de boues gelées

Ah la belle époque!
Ah la belle étoile!
Où nous étions sous un char lourd

Où l'amour est né
Où nous étions unis comme
Les renards et ses enfants
Quel amour?

Ah la belle époque!
Ah la belle étoile!
Comme des êtres parfaits
Nous étions nu sans poils
À dessiner nos gré de basard

Sous la saison pluvieuse
Nous étions unis où les étoiles
Formant une spirale
Où les arbres poussaient
Et les racines buvaient

Ah la belle époque!
Ah la belle étoile!
Nous étions scellé d'un amour
De cette couleur d'amour
Envahissait les cœurs brisés
Blessés sans confort

Ah la belle époque!
Ah la belle étoile!
Nous étions nu sans poils
Sous le mouvement des galaxies
Où l'obscure Clarté
Ourlé de baisers
Un rai de lumière éclaire
Nos cœurs des fantasmes

Ah la belle époque!
Ah la belle étoile!
Où nous étions nu
Sous la lumière transversale
Éperdue et invisible
À envahir le monde
De ses mœurs

Ah la belle époque!
Ah la belle étoile!
Nous étions aveuglés
Des déchirures
Des larmes et souvenirs
Aux mots doux

Aux creux d'oreilles

Ah la belle époque!
Ah la belle étoile!
Comme des êtres parfaits
Nous étions entremêlés
De la fraîcheur
Et la chaleur
Sous une pluie enneigée
D'une extrême jovialité

Sous la belle étoile

Ah la belle époque!
Ah la belle étoile!
Enfui dans les méandres
De nos envies
Quel souvenir!
D'un étang ensoleillé
Comme une guise de sourire

À la belle époque
À la belle étoile
Nous étions nu
Sans poils
À compter nos chagrins
Comme une mousse de nuages
Pluie battante et froide

À la belle époque
À la belle étoile
Nous étions animés
Par des balades ensoleillées
Comme les météores

Qui strident le firmament
À un rythme

À la belle époque
À la belle étoile
C'est le temps de retrouvailles
C'est le temps des cerises
C'est le temps des amoureux
C'est le temps des copains

C'est le temps
Où nous en l'air
C'est le temps de nos rides
Où nous parcourons la mère terre
C'est le temps de la confession
Où nous chantions des prières
Et des cantiques
C'est le temps de l'amour
Où nous brisions les obstacles à la vie
C'est le temps des copains
Où nous étions nu sans poils
Et l'amour nous rendait fière

Athéna

Oh femme africaine!
Oh femme au teint noir
Au regard rayonnant
Femme d'une race parfaite
Au visage exquis
Une femme comme toi
Tu es la mère de l'humanité
Presque comme toi
Tu fais la différence

Athéna
Oh femme africaine!
Tu es ma raison de vivre
Au cœur d'or
Et aux cheveux noirs
Femme aux regards
Qui surveille mon doux sommeil
À la beauté africaine
Ta peau noire est une fierté
Pour nous

Athéna
Oh femme africaine!
Tu fais la gloire des autres
Oh femme à la voix
Tu es de tous les jours
La dormante
La berceuse des enfants
Regards d'or
Se cache un immense trésor
Et tes tresses blondes
Me rassurent cette mousse de nuages

Athéna
Oh femme africaine!
Sous ta peau des vergers
Oh femme au parfait reflet
Tu fais des frissons
Et sous ma crâne jaillit l'étincelle
Qui danse en rond
Comme la rosée matinale
Tu es la douceur
Tu es la rose des vents
Tu t'es planté

En moi comme une insomnie Fatale
Et ma nuit parfois sursaute

Athéna
Oh mère de l'humanité!
Tu es une mangrove
Oh femme africaine!
Tu es d'une ombre légère
Femme d'une beauté
sans démarque
Sans Complexe
Sans perplexe
Tu es une reine
comme un être à multi gamme

Toutes les femmes
Sont belles
Belles et admirable
Oh femme africaine
Aux yeux cernés
Tu es la mélodie des coeurs
Qui résonne à l'horizon

Athéna
Oh femme africaine!
Oh ma belle âme poétique!
Tu es un être d'une extrême jovialité
De tes entrailles
Je suis venu au monde
Sans toi que serais-je?

Athéna
Oh femme africaine!
Avec ta chaleur
Tu caresses mon violon
Femme pétillante
De ton auréole

Tu illumines mes voix
Femme talentueuse
Tu es un être de lumière
Femme indépendante
Aux ailes vaporeuses
Tu fais ma victoire
Comme un être merveilleux

Athéna
Oh femme africaine!
Je t'aimerai jusqu'à
Ton dernier souffle
Temps qui passe
Femme compréhensif
Tu refoules et défoules
Les mauvaises paroles
Femme ouverte
Envers moi
Ton enfant bien aimé
Femme Réconfortante
Quand je suis malade
C'est toi qui s'occupe de moo
Tu es mon ange
Qui surveille mon âme

Athéna
Oh femme africaine!
Tu es cet aurore des anges
Femme déterminée
Tu fais le nymphe d'Amazonie
Femme charmante

Ta peau noire
Me séduit à la longueur des journées
Femme honnête
Digne d'esprit
Comme les dauphins de bonheur
Femme d'une bonté divine
Les papillons des hommes
Comme un être merveilleux

Athéna
Oh femme africaine!
Comme une source de transcendance
Tu es ma source d'inspiration
Vers toi je me plonge
Comme un cheval de voyage

Femme pieuse
Tu fais ma crainte envers
Mon tout puissant
Femme discrète
Tu es pour moi
Un paragraphe romanesque
Tu sais garder mes défauts

Les plus cruels
Inouïs
Et les plus brûlants

Femme humble
Tu fais ma compassion
Envers mes prochains
Femme d'une mangrove
Comme un être merveilleux

Athéna
Oh femme africaine!
Femme d'un caractère brûlant
Femme simple
Femme travailleuse
Femme d'une jouvence exceptionnelle
Comme un être merveilleux

Athéna
Oh femme africaine!
Tu es le ciel
De la plénitude
Femme polyvalente

Femme généreuse
Femme attentive
Comme un être merveilleux
Que serais-je sans toi?

Athéna
Oh femme africaine!
Femme active chez tokna Massa
Femme fidèle
Femme modeste
Comme un être merveilleux

Athéna
Oh femme africaine!
Tu es d'une douceur
Incandescente
Femme vertueuse
Femme romantique
Dans ton âme florissante
Mes rêves se réalisent
Femme prévoyance
Tu es mon oracle
Voltigeante

Femme d'un coeur dansant
Aux ailes des oiseaux
Comme un être merveilleux

Athéna
Oh femme africaine!
Femme disciplinée femme ordonnée
Femme serviable
Comme un être merveilleux
Que serais-je sans toi?

Athéna
Oh femme africaine!
Femme à la pitié des hommes machistes
Femme d'un amour platonique
Et d'un amour polysémique
Comme un être merveilleux
Que serais-je sans toi?

Athéna
Oh femme africaine!
Femme au cœur permissif, profond
Femme aux yeux d'azur

Qui éclairent les Tonnerres
Que serais-je sans toi?

Athéna
Oh femme africaine!
Femme d'un esprit attentif et convaincant
Femme d'un chagrin
Portant les vagues de mon âme
Comme un être merveilleux

Athéna
Oh femme africaine!
Femme à l'opulence palpitante
Dans un palmarès féminin
Comme une romancière prolifique
Tu es un être merveilleux

Athéna
Femme de quiétude
Femme de marotte
Femme d'une tranquillité
Qui papillon les cœurs dames
Femme d'un comportement sans remarques

Que serais-je sans toi?

Athéna
Oh femme africaine!
Femme sereine
Femme à la convivialité
Tu es élégante
Comme un être merveilleux
Que serais-je sans toi?

Athéna
Oh femme africaine!
Femme sans pareille
Comme un fort louable
Tu es une femme
Comme un bel aigle
Aimant qui plane
Oh femme africaine!
Je t'écris lettre par lettre
Mes chagrins qui écrivent
L'amour dans ses peines
Comme un rêve de tendresse

Oh femme africaine!
Femme d'ébène
Je t'écris le plus beau poème
De ma vie pour te magnifier
Cette femme que tu es
Tu resteras une lumière

Oh femme africaine!
Femme d'ébène
Et s'il m'arrive parfois
De te contempler
J'ai une multitude raison
Car tu es une femme terrestre
Femme enchanteresse
Femme divine
Femme ultime
Comme un ange inouï

Oh femme africaine!
Femme d’ébène!
S'il m'arrive une fois de plus
De me bouder avec toi
C'est parce que tu te laisses

Atténué par tes valeurs
Mais tu es une femme
À la beauté fragile

Oh femme africaine!
Femme d'ébène!
Je t'aime énormément
J'aime me bercer dans cette douce sonorité
Qui enchante mon âme angoissé
Que serais-je sans toi?
Et je t'aimerai toujours
Jusqu'au lendemain

Oh femme africaine!
Femme d'ébène!
J'aime écouter ta voix douce sans cesse
Tu es ma source d'inspiration
Tu es mon état d'âme
Je me livre à toi comme un mort né
Pour résonner tes rires

Oh femme africaine!
Femme d'ébène!

Depuis la source ancestrale
Tu es une femme de rêve
Qui donne ses fruits aux signes de reconnaissance
Comme une saison pluvieuse
Tu arrose mes souffrances
Que serais-je sans toi?

Oh femme africaine!
Femme d'ébène!
Tu es ma raison de vivre
Mon salut éternel
Dans le reflet de ton âme
Je lis mon avenir saignant
Perturbant mes inepties de ma vie

Souvenirs

On se débrouillait comme des cafards
Quels souvenirs!
On travaillait jusqu'à l'aube
Quels souvenirs!
On élevait de la poulaille
Pour nos intérêts
Et besoins
Quels souvenirs!
On avait de potager
Et on était heureux
Quels souvenirs!

On se doutait de rien
Mais de toute façon
On dépensait
Quels souvenirs!
On courait de tout le sens
Et sortait rarement en amoureux
Quels souvenirs

On jouait aux damiers
À la trompette
Quels souvenirs!
Un temps resplendissant
Quels souvenirs!
On faisait des cabanes
Pour nos pique niques
Quels souvenirs!

On mangeait de la soupe
Accompagné parfois de ngargasoke
Quels souvenirs!
Et sur le perron
On voyait la tombée de la nuit
Queld souvenirs!
On s’egayait dans le village
Autour des dattiers
Quels souvenirs!

On écoutait les bruits
Où la vie s'est écroulée ainsi
Queld souvenirs!
Et nous étions unis

Aux foins de la soirée
Quels souvenirs!
Et on montait le foin
À la fourche
Et sur la charette
Quels souvenirs!
Nous n'avions pas grand chose
Et nous vivions d'encore moins
Quels souvenirs!

À la belle époque
À la belle étoile
Nous étions des aventuriers
Vadrouillant sans âme
Aux flambeaux des villageois
Et les nuits commençant
À rafraîchir son bon homme
De cette flambée éclairante
Comme les maquis
Et le dimanche
Nous nous levions tôt
Pour aller à l'église

Quels souvenirs
On construisait des temples
Dédiés à l'amour
Quels souvenirs!
On concevait cet amour sans faille
Quelque soit le temps
La journée s'écoulait
À regarder cet amour
Quels souvenirs!
Et les contours de nos visages
Reflétaient
Sur les rues

Quels souvenirs!
Pactisé avec les princes
Et les princesses
Quels souvenirs!
On sélectionnaient
les mots d'amour
Qui chuchotaient l'âme
Des êtres parfaits

Quels souvenirs!
choisissant la couleur de nos envies
De cet amour inconditionnel
Quels souvenirs!
Et dans l'écorce de nos âmes
L'amour n'est nous coûtait guère
Quels souvenirs!
Et l'amour sans enracine
Qui nous libère des maux

Quels souvenirs!
Tout allait bien
Dans nos rues les plus sordides
Et l'amour s'est installé
Quels souvenirs!
Dans ces derniers chants
On rigolaient avant ça
Quels souvenirs!
On apprenaient à peine nos désirs

Quels souvenirs!
Ces désirs chamboulaient fatalement
Nous vivions dans une maison

Parfois chichement meublée
Quels souvenirs!
Et nos pensaient
Manquaient des mots
Quels souvenirs!
Nous partagions une crèche
En guise de reconnaissance
Comme un amour indéfectible
On étaient plus des héritiers

Quels souvenirs!
Nos pensées enclavées
Nos souvenirs les plus brûlants
Quels souvenirs!
Une présence en nous
Vibrait les remords
Quels ouvenirs!
On allait près de la cabane
Au coin de la cabine
Pour téléphoner

Quels souvenirs!
Je me souviens de cette pluie

Qui battait le carreau
Sous nos yeux
Quels souvenirs!
Je me souviens de quelques voix
Clairs et émouvants des êtres glorieux
Quels souvenirs!

Nos mœurs

Et ce pendant
Qui peut dire un mot
Sur ces phénomènes vu l'augmentation
Du nombre de cas dans ce pays?

Dieu a déjà agi de façon remarquable
Pour aider et contrôler les humains
Nous avons tous hérité du péché
C'est à l'incapacité à nous
Conformer parfaitement aux lois de Dieu

Cependant
Dieu nous a aimés
Et a envoyé son fils unique Jésus Christ
Notre seigneur et sauveur
Comme un sacrifice propitiatoire
Ou un moyen d'apaisement
Pour nos péchés

Le nom de Dieu est-il invoqué dans ce monde?
Le bâtardisme

Ou la bâtardise

Et qui peut dire un mot
Pour que tous ces phénomènes s'arrêtent
Dieu le créateur ou l'homme son image?
Le témoin fidèle ou le témoin
De la mondanité?

Le monde tend vers sa fin
Notre temps a expulsé Dieu
Dans la vie des êtres humains
Notre temps a remplacé
La force divine par la force humaine
Notre temps
Ne connait
Ni le mal
Ni le bien
Notre temps confond tout
Notre temps est à 100% de matérialiste

Et voici
Les principaux problèmes de notre temps
L'homme perd sa liberté

Pour la crainte des phénomènes
L'homme perd sa dignité
Pour les supplices de la chair
L'homme n'est plus
À mesure de récolter
Ce qu'il a semé
L'homme cherche
De refuge
Mais ne trouve pas
Car il se croyait fort
Et se place sur le trône de Dieu

Pourquoi ne devons-nous pas
Soutenir l'aide de Dieu
Pourquoi ne devons-nous pas
Chercher de refuge en Dieu
Pourquoi tant de haine
Entre les hommes
Pourquoi ne devons-nous pas
Soutenir l'aide de Dieu
Afin de manger
Ce fameux fruits de paix

Et qu'en est la cause?
La science où la philosophie?
Les gouvernants ou les gouvernés?

Pourquoi le nom de Dieu
Est blasphémé parmi les nations?
Pourquoi le temple de Dieu
Est rempli de moqueurs?
Pourquoi le nom de Dieu
Est appelé en vain?

Ô toi Homme
Homme blasphémateur
Homme persécuteur
Homme de violence
Orgueilleux implacable
Vantard avide de raison
Et belliqueux

Vous ne changerez jamais

Ô toi Homme
C'est par l'ignorance

Dans ton incrédulité
Dans ton incapacité
Dans son irresponsabilité
Dans ton imagination

Ô toi Homme
Voici tes principaux problèmes
Tu es devenu esclave
De l'adultère
De l'immortalité sexuelle
De l'impureté
De l'idolâtrie
De l'envie
De l'ivrognerie
De l'excès de table
De la débauche
De la magie
De la violence
De la désobéissance
À la querelle
À colère
À la rivalité
À la haine

Printed by Books on Demand GmbH, Norderstedt / Germany